南都 西大寺の四季

Photographs by Naka Atsushi　中 淳志 写真集

西大寺と興正菩薩叡尊上人

南都西大寺長老　大矢實圓

　西大寺中興の興正菩薩、叡尊上人が西大寺に入寺されたのは、文暦二年（1235）、上人三十五歳の時でした。上人は、弘法大師『遺誡』の「仏道は戒なくしてなんぞ到らんや、すべからく顕密二戒を堅固に受持し、清浄にして犯すことなかれ」という言葉に大いに心を打たれ、禁戒（戒律）を受持して自ら菩提心を欣求し、律儀を修学し、衆生の利益をはかろうと戒律護持の決意をされ、誓願を発して「真言律」への法道を志向されたのです。

　西大寺は、天平神護元年（765）、称徳天皇によって創建され、奈良時代末には、広大な寺域の中に、百十余の堂塔宇が甍を並べるほどの壮大な寺院でした。しかし、平安遷都後、急速に衰退し、上人が西大寺に入寺された時には、四王堂、宝塔院（東塔）、食堂院、東大門が残るのみであったといいます。

　暦仁元年（1238）、海竜王寺から西大寺へ還住した上人は、「再度この寺に入ったからには身命を惜しまず、当寺に止住したからには正法を興隆し、有情に利益する」と決意をされ、これより西大寺を真言律の根本道場として、驚異的な復興活動を始められます。

　上人は、生涯の大半を戒律の復興運動と真言密教の高揚に力を尽くし、また貧民の救済に努めるなど、鎌倉時代の仏教界に新たな光を灯した偉大な宗教家として知られていますが、その活動は上人が九十歳で入寂されるまで続けられ、亀山天皇の院宣および後伏見天皇の綸旨により、興正菩薩の諡号を賜ったのです。

　この写真集『西大寺の四季』には、西大寺の年間諸行事等が集録されています。光明真言土砂加持大法要、大茶盛式などの諸行事には、上人の心情が今に伝えられています。すべての衆生は皆生まれながらに仏性をもっているという釈尊の教えを、この世の中で正しく生かすために実践・行動された上人は、仏教本来のあり方・人間の正しい生き方を身をもって示され、真言律宗の宗祖として教化を垂れておられるのです。

秋の大会「光明真言土砂加持大法要」

　西大寺の多くの法会や年中行事の中でも、真言律宗教団あげての大法要は、「光明真言土砂加持大法要」である。光明真言の信仰は平安時代から行われており、明恵上人は『光明真言土砂加持義』などを著した。その後、この真言の功徳をひろく人々に廻向するための大法要として確立したのが宗祖興正菩薩叡尊であった。文永元年（1264）、宗祖が六十四歳で修しはじめてから毎年今にいたるまで脈々と続いている。昼夜不断で本堂にて厳修されるこの法要は、本尊生身釈迦如来立像の前の小壇に、宗祖自筆と伝えられる梵文光明真言を納めた厨子、その前にお土砂を入れた瓶を安置し、その下にお土砂の壺が置かれる。中央大壇の中心には宗祖製作の金銅宝塔、両側に舎利塔を安置し、周囲を四面器が囲む。はじめの開白、中日、おわりの結願には長老が導師を勤めるが、この座で用いられる五鈷鈴は「鈴虫」と通称される見事に澄んだ音の鈴である。また打ち鳴らしの磬子も「獅子丸」と通称され、白銅製の、これもいい音いろの秀品で、ともに宗祖所用と伝えている。これらは単に立派な文化財であるというばかりではなく、七百四十余年、現役で活躍し続けている西大寺の宝物なのである。法要は、本尊と大壇、それに向かって光明真言法を修する導師の東西に衆僧が坐して光明真言を一音一音声明する。一座の後半には衆僧が一音ごとに立ちどまって中心線のまわりを真言を唱えながら行道する。

　光明真言は、密教の教主である大日如来の秘密心呪であり、一切の如来、菩薩の総呪であって、これを唱える者は煩悩を絶ち、抜苦与楽、罪障消滅を得るという。即ちこの現世において長寿と福徳が得られ、来世では浄土往生という功徳がある。この真言で加持した土砂は大きな法力を持ち、この土砂を散ずれば土を清め、水を浄化する。また、遺骸に散ずれば硬直を防ぎ、埋葬された墓に散ずればたちまちに浄土往生が叶うという、まさに万能の真言と呼ばれている。法会の参観は自由なので、御高覧いただければ幸いである。

真言律宗宗務長　浄瑠璃寺住職　佐 伯 快 勝

南門の桜

清龍池のしだれ桜

桜と東塔跡・本堂

南門(県指定文化財)

鐘楼（市指定文化財）

初釜大茶盛式(光明殿)　1月15日

初釜大茶盛式（光明殿）　1月15日

初釜大茶盛式(光明殿)　1月15日

初観音供(四王堂)　1月18日

初観音供（四王堂）　1月18日

初観音供（四王堂） 1月18日

増長天邪鬼（四王堂・重要文化財）

十一面観音(四王堂・重要文化財)

初大師供(大師堂)　1月21日

初大師供(大師堂)　1月21日

節分星祭祈願会（愛染堂）　2月3日

節分星祭祈願会（愛染堂）　2月3日

愛染堂 内陣

愛染明王坐像（愛染堂・重要文化財）

境内の手水鉢と椿

四王堂

初午厄除祈願 柴燈大護摩供(四王堂)　3月初午

初午厄除祈願　柴燈大護摩供（四王堂）　3月初午

初午厄除祈願　柴燈大護摩供(四王堂)　3月初午

初午（四王堂）　3月初午

初午稚児行列　3月初午

初午にて　3月初午

初午法要（四王堂）　3月初午

初午法要(四王堂)　3月初午

初午法要(四王堂)　3月初午

初午法要(四王堂)　3月初午

八重桜(四王堂脇)

御衣黄桜(南門附近)

藤（四王堂前）

鎮守　石落神社本殿（市指定文化財）

奥の院骨ン堂(県指定文化財)

文殊五尊像（本堂・重要文化財）

釈迦如来立像(本堂・重要文化財)

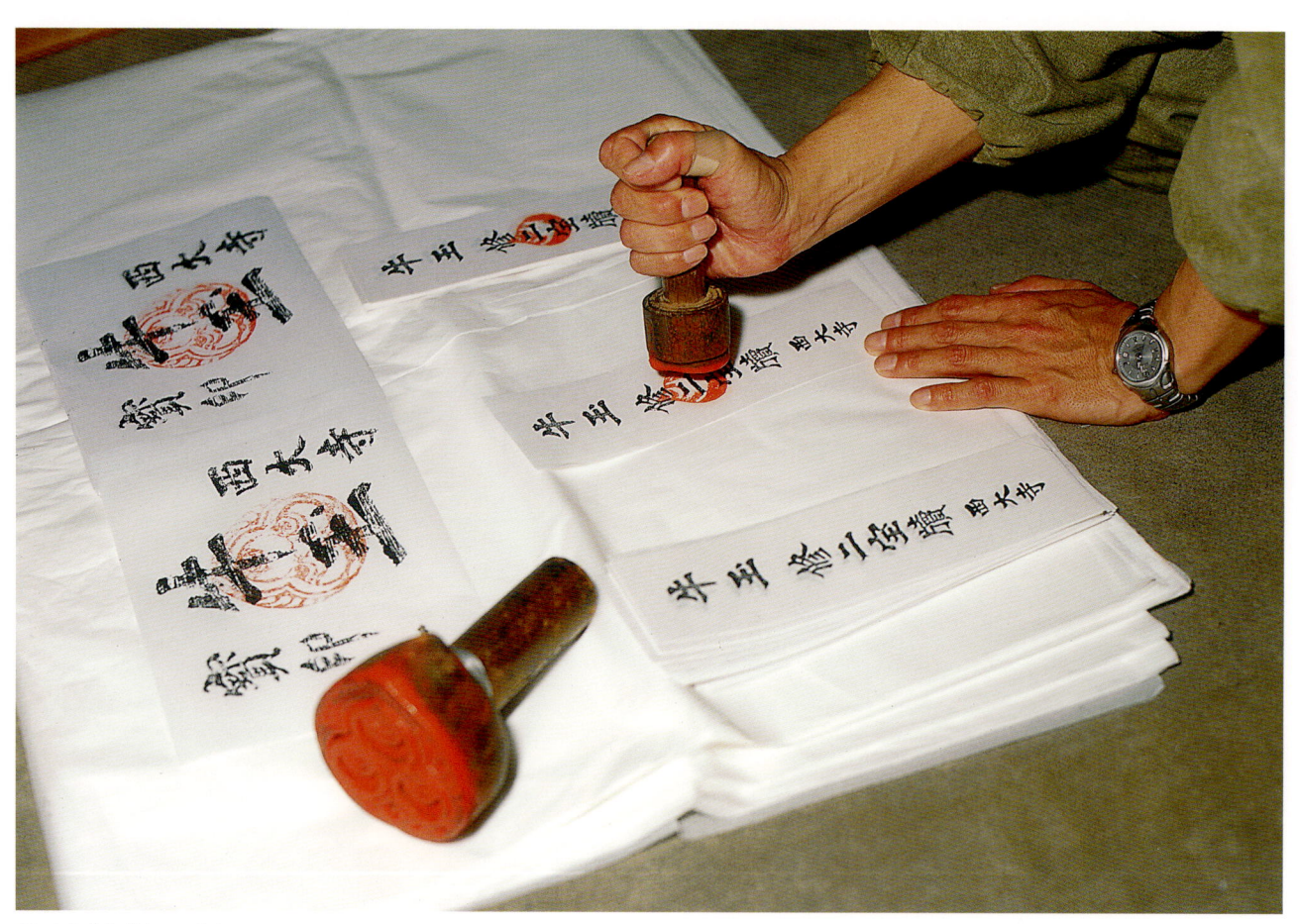

修二会（本堂）　3月末

修二会（本堂）　3月末

菩提樹（愛染堂前）

菩提樹（愛染堂前）

興正菩薩忌(本堂)　8月25日

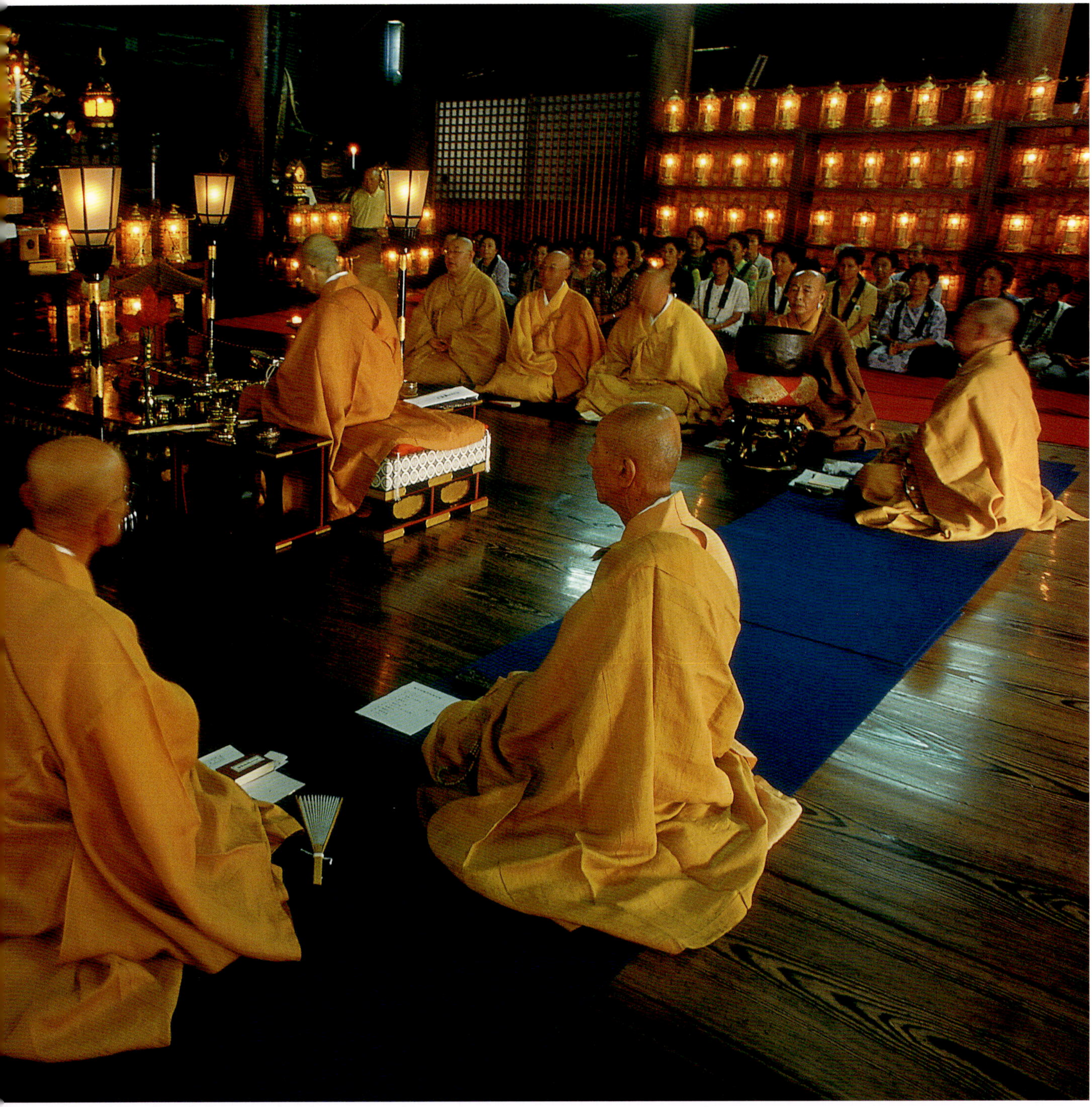

興正菩薩忌（本堂）　8月25日

興正菩薩忌（本堂）　8月25日

興正菩薩叡尊坐像(本堂・重要文化財)

興正菩薩忌 奥の院 叡尊五輪塔

叡尊五輪塔(県指定文化財)

弘法大師供（大師堂）　毎月21日

護摩堂（市指定文化財）

不動護摩供（護摩堂）　毎月28日

不動護摩供（護摩堂）　毎月28日

秋の本堂（重要文化財）

光明真言土砂加持大法要（本堂）　10月3日〜5日

光明真言土砂加持大法要（本堂）開白　10月3日〜5日

光明真言土砂加持大法要(本堂)　10月3日〜5日

光明真言土砂加持大法要(本堂)　10月3日〜5日

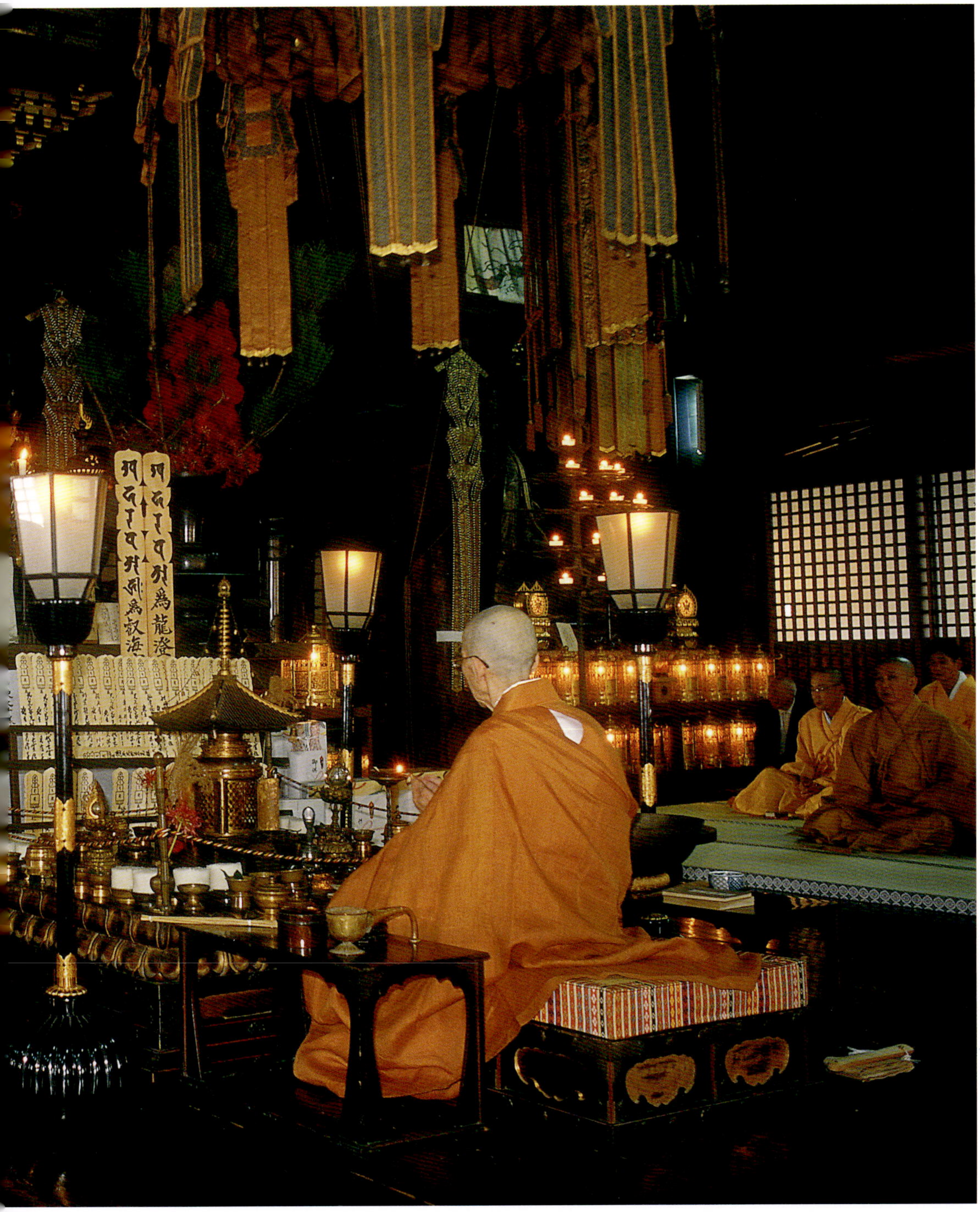
為龍登
為叡海

光明真言土砂加持大法要　本堂内の荘厳

金銅三方火焰宝珠形舎利容器
（重要文化財）

金銅宝塔（国宝）

金銅二方火焰宝珠形舎利容器
（重要文化財）

金剛鈴（銘「鈴虫」）

佐波理（銘「獅子丸」）

光明真言土砂加持大法要（本堂）　10月3日～5日

光明真言土砂加持大法要(本堂) 散華　10月3日〜5日

光明真言土砂加持大法要（本堂）　10月3日〜5日

光明真言土砂加持大法要（本堂）ちょうちんたたみ　10月3日〜5日

光明真言土砂加持大法要（本堂）三律師への礼拝　10月3日〜5日

光明真言土砂加持大法要(本堂) 行道　10月3日〜5日

光明真言土砂加持大法要（本堂）　10月3日〜5日

光明真言土砂加持大法要(本堂)　10月3日〜5日

光明真言土砂加持大法要(本堂)　10月3日〜5日

弥勒菩薩坐像（本堂・県指定文化財）

東塔跡 礎石

愛染堂（県指定文化財）

春・秋の大茶盛式（全山）愛染堂での法要

春・秋の大茶盛式(全山)

観音護摩供(四王堂)　毎月18日

観音護摩供（四王堂）　毎月18日

受明灌頂 大壇上の荘厳

受明灌頂 受戒

除夜会　12月31日

除夜会　12月31日

除夜会（鐘楼）　12月31日

四如来坐像より、宝生仏（聚宝館・重要文化財）

東塔跡 基壇

東塔跡と本堂

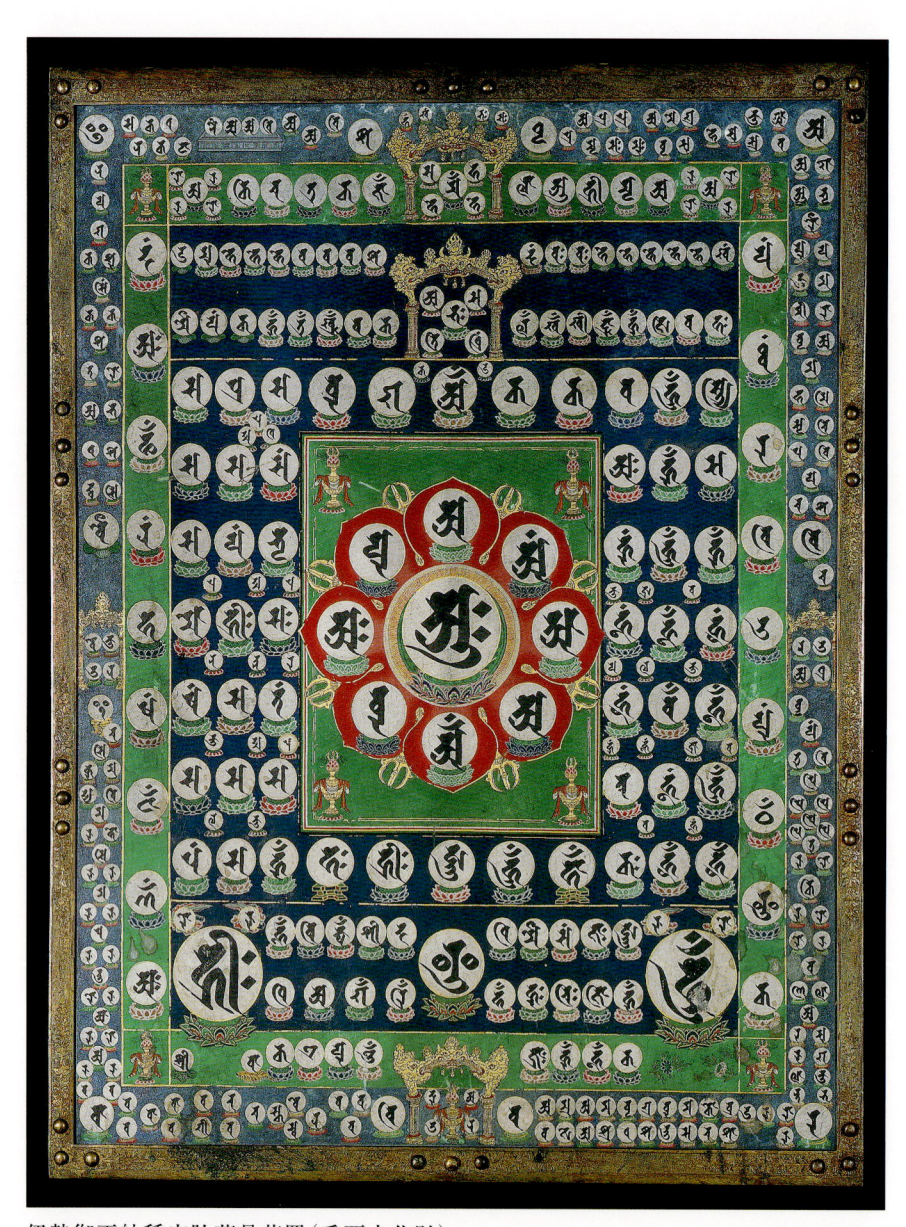

伊勢御正躰種字胎蔵曼荼羅（重要文化財）

伊勢御正躰種字金剛界曼荼羅（重要文化財）

伊勢御正躰甜瓜蜘鋼鏡（重要文化財）

伊勢御正躰桜花双鶴鏡（重要文化財）

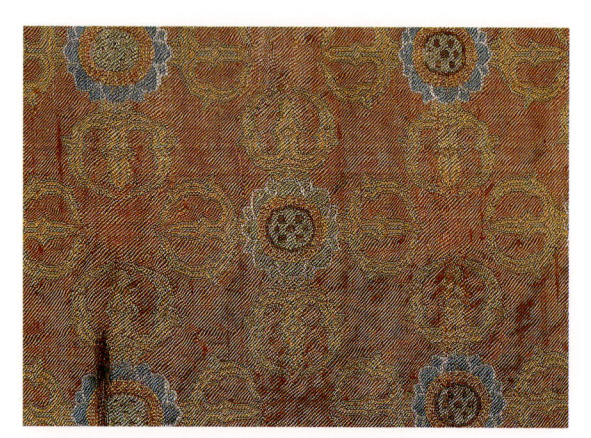

伊勢御正躰羯磨文錦戸帳（重要文化財）

伊勢御正躰羯磨文錦戸帳（重要文化財）

西大寺の行事

◎年中行事

1月1日～5日	新年祈願会	
1月15日10時～16時	新春初釜大茶盛式	光明殿
1月18日10時～	初観音供(護摩)	四王堂
1月21日14時～	初大師供(護摩)	大師堂
2月3日14時～15時	節分星祭祈願会	愛染堂
3月初午9時～16時	厄除祈願	四王堂
同　14時～	柴燈大護摩供	
二の午	鎮守石落神祭	
3月末	修二会	本　堂
4月8日	仏生会	
4月第2日曜と前日9時～	春の大茶盛式	全　山
7月23日	盆供地蔵会	
8月4日	称徳天皇忌	
8月14日	愛染祭	
8月25日	興正菩薩忌	本　堂
10月3日～5日	光明真言土砂加持大法要	本　堂
10月第2日曜9時～	秋の大茶盛式	全　山
12月31日23時30分～	除夜会	

◎月例行事

毎月18日13時～	観音護摩供	四王堂
毎月21日14時～	弘法大師供	大師堂
毎月25日8時30分～	興正菩薩忌	愛染堂
毎月28日13時～	不動護摩供	護摩堂

西大寺の沿革

天平宝字 8 年（ 764）	孝謙上皇、四天王像を鋳造し、西大寺創建を発願（『資財流記帳』）。
天平神護元年（ 765）	西大寺開創（『資財流記帳』、『扶桑略記』）。
天平神護 2 年（ 766）	吉備由利、一切経を施入（『資財流記帳』）。称徳天皇、西大寺に行幸（『続日本紀』）。
天平神護 3 年（ 767）	称徳天皇、西大寺法院に行幸、曲水の宴を催す（『続日本紀』）。
神護景雲元年（ 767）	称徳天皇、西大寺嶋院に行幸（『続日本紀』）。
神護景雲 3 年（ 769）	称徳天皇、西大寺に行幸（『続日本紀』）。弥勒浄土堂建立（『扶桑略記』）。東大寺實忠、御斎会の幢二十基を立てる（『東大寺要録』）。
宝亀 11 年（ 780）	『西大寺資財流記帳』完成。
延暦 4 年（ 785）	桓武天皇、西大寺嶋院にて曲水の宴を催す（『続日本紀』）。
延暦 17 年（ 798）	西大寺、官寺となる（『類聚三代格』）。
承和 13 年（ 846）	講堂が焼失（『三会定一記』、『続日本後紀』、『日本紀略』）。
延長 5 年（ 927）	五重塔を焼く（『日本紀略』）。
延長 6 年（ 928）	落雷により五重塔一基を焼失（『扶桑略記』）。
応和 2 年（ 962）	台風により食堂倒壊（『日本紀略』）。
永承 3 年（1048）	鐘楼が倒壊し、鐘を興福寺へ移す（『造興福寺記』）。
元永 元 年（1118）	修理がなされず、寺域荒廃（『中右記』）。
保延 4 年（1138）	別当済円により四王堂を再建、食堂を修復（『三会定一記』）。
保延 6 年（1140）	食堂と四王堂、塔一基が残る（『七大寺巡礼私記』）。
仁平 3 年（1153）	塔を修理（『興福寺別当次第』）。
建永 元 年（1206）	東大門を造営（『三長記』）。
文暦 2 年（1235）	叡尊、西大寺に入寺（『行実年譜』、『感身学正記』）。
嘉禎 4 年（1238）	叡尊、八角五重石塔を建立し、仏舎利を奉納（『行実年譜』、『感身学正記』）。
延応 元 年（1239）	叡尊、修正会を厳修。鎮守八幡宮に献茶。大茶盛はじまる。
寛元 3 年（1245）	叡尊、真言堂を建立（『行実年譜』）。
宝治 元 年（1247）	叡尊、僧堂を建立（『感身学正記』）。愛染明王坐像を造立（範恩造立願文）。
宝治 2 年（1248）	僧覚如・定舜、帰朝し律三大部二十具をもたらす（『感身学正記』、『高僧伝』）。
建長 元 年（1249）	叡尊、釈迦如来立像を造立（『感身学正記』、『宝治二年賢任像造願文及び奉加帳』）。
建長 3 年（1251）	絵師堯尊、十六羅漢、南山律師、大智律師などを描く（『行実年譜』、『感身学正記』）。
正嘉 2 年（1258）	叡尊、金剛界曼荼羅を描かせ、開眼供養をする（『行実年譜』）。
正元 元 年（1259）	叡尊、真言八祖、十二天屏風の開眼供養をする（『感身学正記』）。叡尊、如意輪法一帖を製作（『行実年譜』）。
文応 元 年（1260）	叡尊、胎蔵界曼荼羅を描かせ、開眼供養をする（『感身学正記』）。

弘長	2 年	(1262)	北条実時、宋版一切経を施入(『行実年譜』、『関東往還記』)。
文永	元 年	(1264)	叡尊、光明真言土砂加持大法会を始める(『行実年譜』、『感身学正記』)。
文永	7 年	(1270)	叡尊、金銅舎利塔を造立(『感身学正記』)。
建治	元 年	(1275)	仁王経陀羅尼の版木を作る(『板木刊記』)。
建治	2 年	(1276)	叡尊、大黒天立像を造立(『行実年譜』)。
建治	3 年	(1277)	仁王経転読のため、百仏百菩薩の図像を製作(『行実年譜』、『感身学正記』)。
建治	4 年	(1278)	摂取房禅尼が発願し、宝生護国院建立に着手(『感身学正記』)。
弘安	元 年	(1278)	護摩堂を建立(『行実年譜』)。
弘安	3 年	(1280)	西僧房を建立(『感身学正記』)。叡尊八十歳の寿像を造立(鏡恵造立願文)。
弘安	4 年	(1281)	亀山上皇、西大寺西室に臨幸(『行実年譜』、『感身学正記』)。
弘安	6 年	(1283)	亀山上皇、西大寺宝生護国院に行幸(『行実年譜』、『感身学正記』、『続史愚抄』)。
弘安	7 年	(1284)	叡尊、鉄宝塔を造立(『感身学正記』)。
弘安	9 年	(1286)	後深草・亀山両上皇、西大寺に臨幸。
正応	2 年	(1289)	後深草上皇の院宣によって、十一面観音像を四王堂に安置(『行実年譜』)。
正応	3 年	(1290)	叡尊入滅し、石造五輪塔を建立(『叡尊上人遷化之記』)。
永仁	6 年	(1298)	将軍家祈願所となる(『続史愚抄』、『帝王編年記』)。
正安	2 年	(1300)	亀山上皇、院宣により叡尊に「興正菩薩」の諡号を贈る。
			後伏見天皇、綸旨により、「興正菩薩」の号を勅賜。
正安	4 年	(1302)	興正菩薩十三回忌、文殊菩薩四侍者像を造立(納入文書)。
徳治	2 年	(1307)	弥勒講堂が焼失(『一代要記』、『続史愚抄』、『興福寺略年代記』)。
元亨	2 年	(1322)	興正菩薩三十三回忌、弥勒菩薩坐像を造立。
延文	6 年	(1361)	南僧房、経蔵、湯屋などが焼失(『嘉元記』)。
文亀	2 年	(1502)	兵火により全山焼失、四王堂、中門、東大門のみ残る(『大乗院寺社雑事記』)。
			光明真言堂再建に着手(『大乗院寺社雑事記』)。
寛永	元 年	(1624)	護摩堂を再建(棟札)。
延宝	2 年	(1674)	四王堂を再建(『旧跡幽考』)。
宝暦	2 年	(1752)	本堂を再建(棟札)。
明和	4 年	(1767)	京都御所近衛政所御殿を移築し、愛染堂とする(棟札)。
慶応	3 年	(1867)	多田院の鐘楼を移築(棟札)。
慶応	4 年	(1868)	神仏分離令。
明治	6 年	(1873)	教部省令により真言宗に所轄。
明治	28 年	(1895)	真言律宗の分離独立。

← 奥の院へ

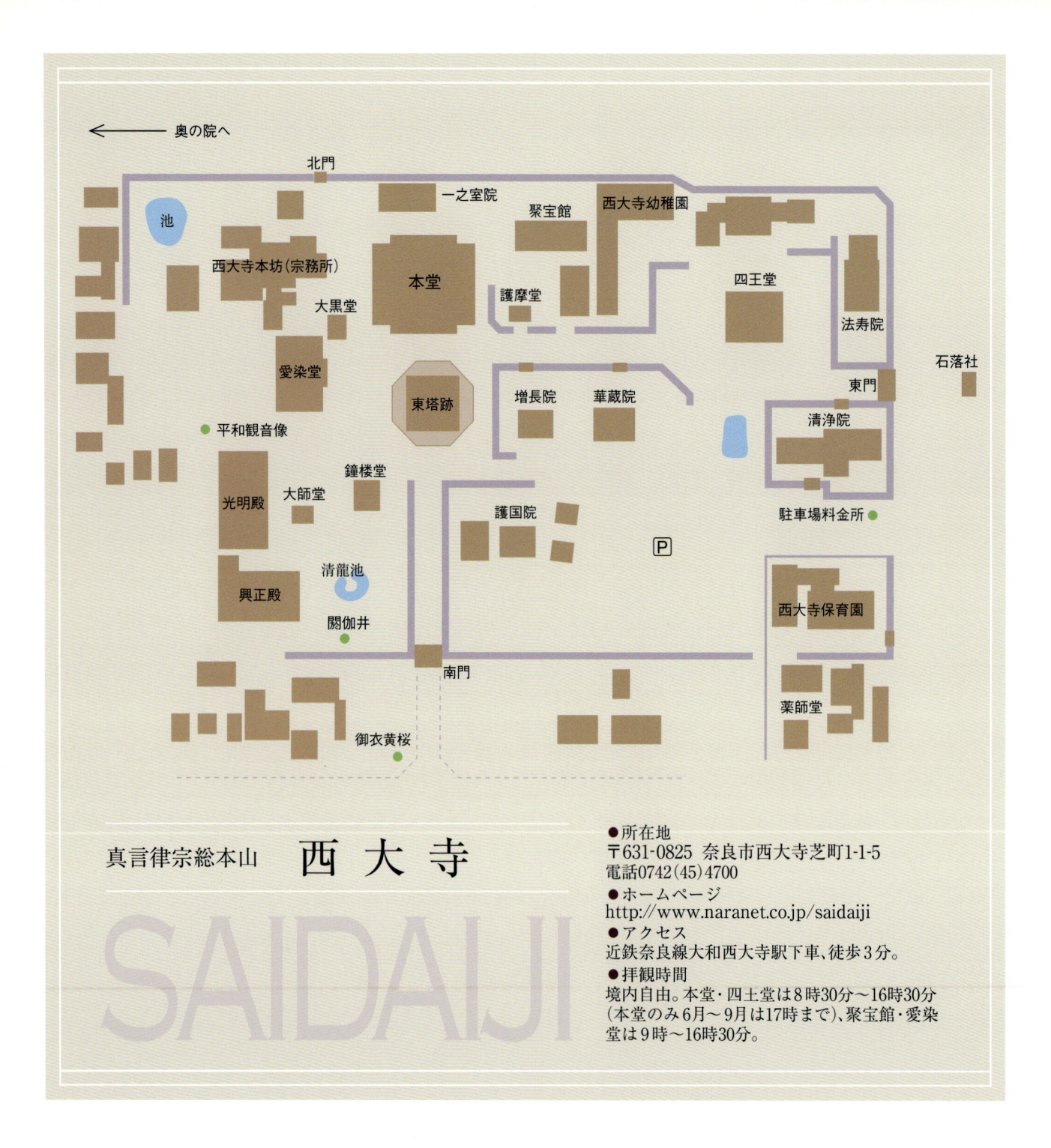

北門
一之室院
聚宝館
西大寺幼稚園
池
西大寺本坊(宗務所)
本堂
護摩堂
四王堂
大黒堂
法寿院
愛染堂
東門
石落社
東塔跡
増長院
華蔵院
清浄院
平和観音像
鐘楼堂
駐車場料金所
光明殿
大師堂
護国院
清龍池
P
興正殿
西大寺保育園
閼伽井
南門
薬師堂
御衣黄桜

真言律宗総本山　西大寺

● 所在地
〒631-0825　奈良市西大寺芝町1-1-5
電話0742(45)4700
● ホームページ
http://www.naranet.co.jp/saidaiji
● アクセス
近鉄奈良線大和西大寺駅下車、徒歩3分。
● 拝観時間
境内自由。本堂・四土堂は8時30分〜16時30分
(本堂のみ6月〜9月は17時まで)、聚宝館・愛染
堂は9時〜16時30分。

SAIDAIJI

中 淳志（なか あつし）

1958年生
1981年　3月　龍谷大学法学部卒業
1983年　4月　京都府加茂町役場に就職
1992年　3月　同役場退職後フリーとなりアジアの仏教圏を中心に取材の旅を続け、現在に至る
2002年　7月　アフガニスタン・バーミヤン石窟群に壁画が残存していることを報告
2003年　10月　アフガニスタン・バーミヤン西方に仏教寺院を発見し、報告

◎主な個展
1994年　「慈しみの大地～インドシナ」奈良市NHK奈良支局
1995年　「慈しみの大地～母なる国ビルマ」奈良市NTT奈良支店
1997年　「聖者の街」銀座ニコンサロン
2000年　「楽土再び」新宿ニコンサロン
2001年　「釈尊伝」西大寺
2002年　「チベット・イン・チベット」新宿ニコンサロンbis21
2002年　「チベット・アフガン」龍谷大学
2003年　「バーミヤン石窟壁画写真展」奈良県立万葉文化館
2003年　「バーミヤン～東西文化の十字路」広島県民文化センター・大分県総合文化センター
2004年　「アフガニスタン・バーミヤン西方遺跡写真展」大阪国際交流センター

◎主な受賞歴
1995年　日本写真家協会主催第20回JPS展金賞
1996～00年　第42～46回日本写真文化協会全国写真展入選（日本写真文化協会）
2002年　龍谷奨励賞
2005年　日本写真学会東陽賞

◎作品集
1998年　写真集『浄瑠璃寺』（浄瑠璃寺）
2000年　写真集『当尾の石仏めぐり』（東方出版）
2001年　写真集『日本の石仏200選』（東方出版）
2002年　写真集『バーミヤン』（東方出版）
2006年　写真集『聖護院―大峰・葛城の行者』（東方出版）

所　属　日本写真学会

南都 西大寺の四季
中 淳志 写真集

2008年11月26日　初版第1刷発行

● 著　者　中 淳志
● 発行者　今東 成人
● 発行所　東方出版(株)
　〒543-0052　大阪市天王寺区大道1-8-15
　電話 06-6779-9571　FAX 06-6779-9573
● 制　作　ニューカラー写真印刷(株)
● デザイン　柴垣 晃

本書を無断で複写・複製・転載することは、法律で認められた場合を除き、著作者および出版社の権利の侵害となります。あらかじめ承諾を求めてください。

©2008 Naka Atsushi Printed in Japan
ISBN978-4-86249-133-6 C0072

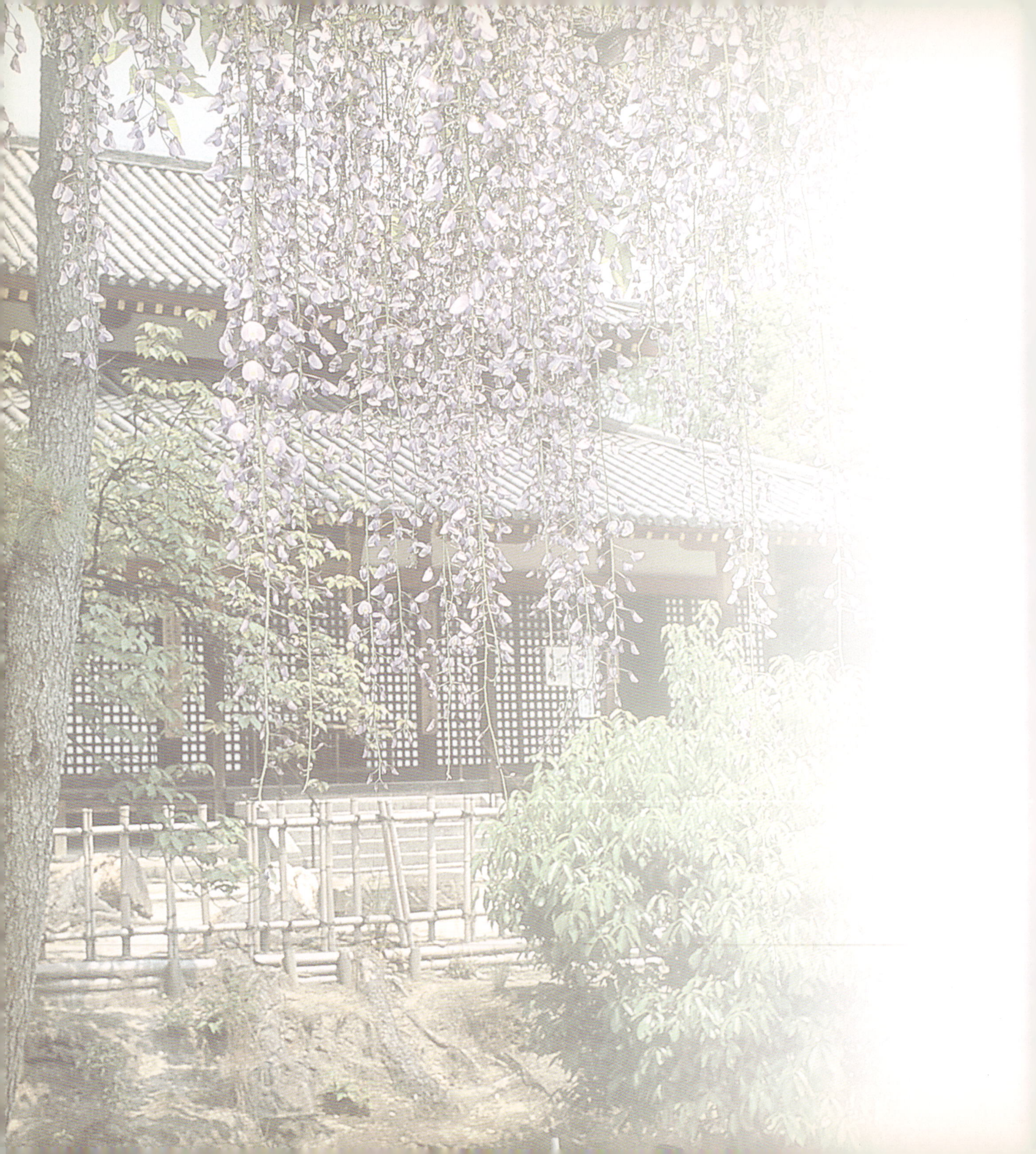